大江大河 科普绘本

黄河

## 保护母亲河

马爱梅 张小思 著
盒子 绘

童趣出版有限公司编　人民邮电出版社出版
北京

## 图书在版编目（CIP）数据

黄河：保护母亲河 / 马爱梅，张小思著；盒子绘；童趣出版有限公司编. -- 北京：人民邮电出版社，2024.6

（大江大河科普绘本）

ISBN 978-7-115-63477-1

Ⅰ．①黄… Ⅱ．①马… ②张… ③盒… ④童… Ⅲ．①黄河－少儿读物 Ⅳ．①K928.42-49

中国国家版本馆CIP数据核字(2024)第005187号

---

责任编辑：刘佳娣
执行编辑：于鹤云
责任印制：李晓敏
封面设计：董　雪
排版制作：北京胜杰文化发展有限公司

编　　　：童趣出版有限公司
出　　版：人民邮电出版社
地　　址：北京市丰台区成寿寺路11号邮电出版大厦（100164）
网　　址：www.childrenfun.com.cn

读者热线：010-81054177
经销电话：010-81054120

印　　刷：雅迪云印（天津）科技有限公司
开　　本：710×1000　1/8
印　　张：6
字　　数：65千字
版　　次：2024年6月第1版　2024年6月第1次印刷
书　　号：ISBN 978-7-115-63477-1
定　　价：69.00元

版权所有，侵权必究。如发现质量问题，请直接联系读者服务部：010-81054177。

# 序 言

水是生存之本、文明之源、生态之基。古往今来，人类逐水而居，文明伴水而生。

奔腾不息的长江、黄河，是中华民族的摇篮，哺育了五千多年未曾中断的中华文明。纵横千里的大运河是世界上里程最长、规模最大的人工水道，为中华民族生生不息、发展壮大提供了丰厚滋养。珠江水系众多，从小渔村到粤港澳大湾区，见证了令世界瞩目的发展奇迹。

在广袤的华夏大地上，长江、黄河、珠江、大运河等大江大河，以独特的地理环境与历史风貌共同孕育了自强不息、璀璨光辉的中华文明。斗转星移，时光轮转，承载着华夏儿女苦难与辉煌的大江大河历经千年风雨，终于迎来了崭新的时代。每一条大江大河的生态保护和系统治理，事关中华民族的伟大复兴，事关子孙后代的幸福生活，也寄托着中华民族的光荣与梦想。

在这样的新时代背景下，面向儿童出版一套弘扬我国大江大河科技与文明的科普绘本，正当其时。这套"大江大河科普绘本"与以往关于长江、黄河、珠江、大运河的科普图书有所不同：从"科技+工程"的角度入手，精心设计手绘图景，全景展现了我国大江大河的地理风貌、历史变迁、人文风貌、超级工程和科技成就等。孩子们每了解一个知识点都如同走入一幅画卷，在打开视野的同时，也沉浸式地了解了大江大河的前世今生。更重要的是，这套书通过介绍大江大河上的超级工程及其科技创新，帮助孩子们对今天的大江大河产生全新的认识。

可以说，这套"大江大河科普绘本"，既是科普，又是见证——科普长江、黄河、珠江、大运河的相关知识，见证五千多年来中华民族在历史、文化、经济、水利、交通、城市、生态等领域所取得的辉煌成就。

国家和民族期盼少年儿童健康成长，成为担当民族复兴大任的时代新人。衷心希望广大少年儿童通过阅读这套"大江大河科普绘本"，愿意去深入了解我国的大江大河，从而树立起民族自信心，担当起时代传承使命。

中国工程院院士、水文学及水资源专家

（王　浩）

# 黄河：她从青藏高原来，奔流到海不复回

黄河发源于青藏高原巴颜喀拉山北麓，由西向东呈"几"字形奔流，先后穿越青藏高原、内蒙古高原、黄土高原和华北平原，最终在山东省东营市垦利区入渤海。她全长约5464千米，是中国第二长河，也是世界上泥沙含量最多的河流。

黄河流域横跨青藏高原、内蒙古高原、黄土高原、华北平原四大地貌单元和我国地势三大台阶，拥有黄河生态廊道、三江源、祁连山、若尔盖等多个重要生态功能区域；分布有黄淮海平原、汾渭平原、河套灌区等农产品主产区，物产丰富。

巴颜喀拉山
鄂陵湖
李家峡水电站
青铜峡108塔
黄河水车
风马旗
野牦牛
藏羚

## 河源区：梦开始的地方

青海省玛多县多石峡以上地区为黄河的河源区，位于青海高原。通常认为发源于巴颜喀拉山北麓宽谷地带的约古宗列曲、卡日曲和扎曲 3 条河流为黄河的河源，三者汇流后形成黄河干流。

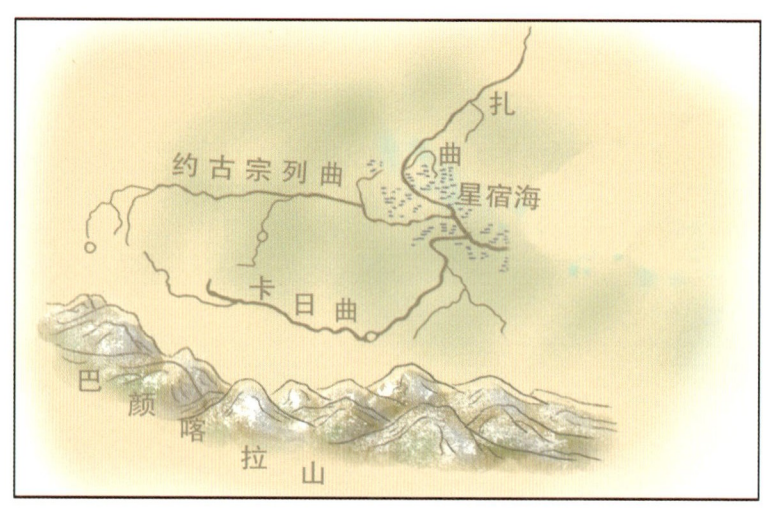

### 黄河的正源是哪个？

水利部黄河水利委员会在综合史料和实地查勘后，确认约古宗列曲为黄河的正源，并在约古宗列盆地西南隅的玛曲曲果竖立黄河源标志。

青海鸢尾　亚麻

### 星宿海不是海

古人曾一直认为星宿海是黄河的源头。

星宿海的所在地是一个盆地，很多形状各异的湖泊星罗棋布。这些湖泊在阳光照耀下，如同闪亮的星星，因而被称为星宿海。

扎陵湖和鄂陵湖，是黄河河源区的两大淡水湖泊，它们位于青海省玛多县境内，这里高寒、潮湿，地域辽阔，牧草丰美，自然景观奇妙。

### 黄河源头姐妹湖：扎陵湖、鄂陵湖

扎陵湖和鄂陵湖这一带区域，是游牧民族放牧养畜的天然牧场，在历史上也是通往西藏的交通要道。据记载，松赞干布曾亲率迎亲队伍到此迎候文成公主。

扎陵湖

鄂陵湖

## 龙羊峡水电站

黄河上游第一座大型梯级水电站,被称为黄河"龙头"水电站。

## 龙羊峡大峡谷

这里两岸陡峭,河道狭窄,水流湍急,地势险峻,是黄河上游典型的深山峡谷地形。

# 深山峡谷筑高坝

黄河上游根据河道特性的不同,可分为河源段、峡谷段和冲积平原三部分。其中,峡谷段从龙羊峡至青铜峡约有 20 个峡谷,峡谷两岸均为悬崖峭壁,河床狭窄、水流湍急,总落差约达 1324 米。此外,还有洮河、湟水等重要支流汇入,使黄河水量大增,因此该河段是黄河流域重点开发建设的水电站基地。

迄今,黄河上游已建成龙羊峡、李家峡、刘家峡、青铜峡等多座水电站,形成了以龙羊峡为"龙头"水库、梯级水电站联合运行的格局,它们承担着向周边区域供电、防洪、灌溉等任务。

**青铜峡水电站**

位于宁夏回族自治区青铜峡峡谷出口处,是中国最早的闸墩式水电站。因支流挟带泥沙汇入,黄河水经过青铜峡水电站时已变得浑黄。

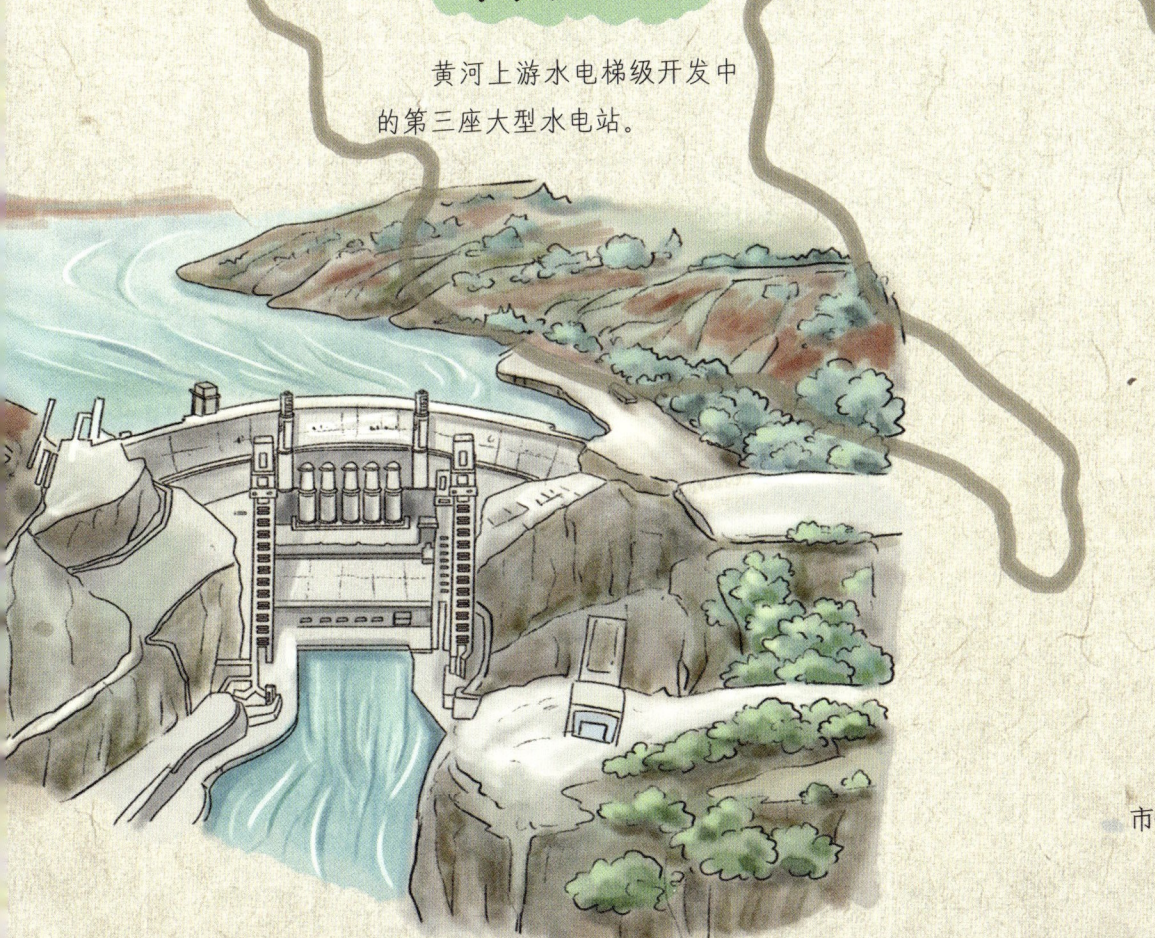

**李家峡水电站**

黄河上游水电梯级开发中的第三座大型水电站。

被黄河穿城而过的省会城市——兰州市。

# "黄河明珠"功能多

刘家峡水电站是中国首座百万千瓦级水电站，也是一个兼有发电、防洪、防凌、灌溉、养殖、航运等综合利用价值的大型水利枢纽，被誉为"黄河明珠"。

**4 旅游观光**

刘家峡水电站景观奇特，黄河水在这里是绝无仅有的碧绿色，吸引了大量游客前来观光。

**3 促进水产养殖业发展**

刘家峡水电站的水质好，水温适宜，营养元素丰富，适合水产养殖，极大地促进了甘肃省水产养殖业的发展。

**1 发电**

水电站最主要的功能是发电。水力发电具有清洁、高效、能量供给稳定的特点。

刘家峡水电站大坝

**2 供水灌溉**

每年5月，刘家峡水电站为其下游的甘、宁、内蒙古3省（自治区）农业生产补水8亿 - 12亿立方米，灌溉面积约1600多万亩。

炳灵寺石窟：开凿在黄河北岸大寺沟的峭壁之上。

### 5 防凌

在凌汛期适当控制刘家峡水电站的泄水量，便可解除黄河在宁夏回族自治区、内蒙古自治区的凌汛威胁。

### 凌汛

凌汛是河道冰凌阻塞、解冻或冰雪融化而引起的江河涨水现象。冬季黄河水封冻，到了春季开河期间，挟带大量冰块的凌水极易壅（yōng）高水位，甚至发生"堆冰"现象，直接危及防洪大堤，进而引发凌灾。

唐代大佛：炳灵寺石窟中最具标志性的大佛，距今已有1200多年的历史。

# 引黄灌溉：古代篇

我国引黄灌溉的历史非常久远，最早可以追溯到秦汉时期。2000多年前，在黄河及其支流的沿岸平原地区，古人就开始修渠引黄河水灌溉农田。

为了提高灌溉效率，古人发明了利用牲畜、风、水流等转动的多种水车，比如龙骨水车、黄河水车等。

**牛转翻车**

利用牛来拉动齿轮转动翻车，不仅解放人的体力，而且灌溉效率大大提高。

**黄河水车**

黄河水车是黄河中上游一种极具特色的提灌工具，其外形酷似巨大的古式车轮。水车装有刮板和水斗。当水流推动刮板，水车便开始转动，同时水斗舀满河水，陆续升上来，将水倒入水槽，然后引进农田。黄河水车因为便捷，深受黄河沿岸的农民喜爱。

## 龙骨水车

龙骨水车又名翻车,是我国古代最著名的农业灌溉用具之一。

最初的翻车是用人力转动的。人们站在翻车上,不断地踩踏板,让翻车转动,从而把河水翻进农田里,实现连续取水灌溉。

## 桔槔井灌

桔槔(jié gāo)是利用杠杆原理的取水工具。桔槔井灌的汲水过程主要是借助人的体重向下用力,因而大大减轻了人提水的疲劳感。

古人用牛耕田

## 自流灌溉

古人在修筑水渠时,通过巧妙的设计,使出水口远低于入水口,渠里的水便自动向下流,以此实现自流灌溉。

# 引黄灌溉：古灌区新貌

黄河流域有5个古灌区入选了世界灌溉工程遗产，分别是内蒙古河套灌区、宁夏引黄古灌区、陕西泾阳郑国渠、龙首渠引洛古灌区和山西霍泉灌溉工程。

中华人民共和国成立后，政府不仅大规模改造、扩建或重建了原有渠系，还修建了大量的灌溉工程，比如被景泰人民称作"救命工程"的景泰川电力提灌工程。

内蒙古河套灌区

该灌区是黄河多沙河流引水灌溉的典范，也是内蒙古自治区最重要的粮食产区和生态屏障，现灌溉面积约6800平方千米。

### 景泰川电力提灌工程

这是中国最大的多梯级电力提水灌溉工程,不仅让百姓不再为土地干旱而发愁,也令周边的荒山戈壁焕发出生机。

长长的彩色管道,让景泰川电力提灌工程成为黄河岸边的一条"彩色巨龙"。

### 宁夏引黄古灌区

宁夏引黄古灌区始于秦汉,已有2000多年的历史。目前还有14条过百年的古渠仍然在发挥灌溉作用,总长1200多千米,灌溉面积约3600平方千米。

### 陕西龙首渠引洛古灌区

陕西龙首渠引洛古灌区修建于汉武帝时期。相传,在施工过程中曾经挖出龙骨,所以人们将此渠称为"龙首渠"。

# 黄河得名的由来

黄河因为河水中含有大量黄色泥沙，水流浑浊，所以得名"黄河"。

其实，在春秋以前，黄河水量充沛，水质清澈，并不浑浊；唐宋以后，由于自然和人为的破坏，生态环境日益恶化，黄河的泥沙含量日渐增多。据相关实测资料分析，黄河年均含沙量约为37.8千克／米$^3$，干流年均输沙量约为16亿吨，位居世界之冠。

那么黄河水有多浑浊呢？古籍有载："黄河斗水，泥居其七。"民间曾经流传"一碗水半碗沙"的说法。

### 壶口瀑布

中国第二大瀑布。黄河奔流至此，两岸石壁峭立，水流被骤然收束，以致滚滚黄河水从20多米高的陡崖上倾注而泻，仿如巨壶沸腾，形成"千里黄河一壶收"的盛景，"壶口瀑布"也由此而得名。

### 黄河的泥沙来自哪里呢?

黄河上游的水源主要为高山冰雪融水,水质较清澈。黄河中游"路过"黄土高原,由于黄土颗粒较细,土质松软,在河流和雨水的冲刷下,水土流失严重,大量的泥沙流入黄河,导致黄河中下游水质浑浊。

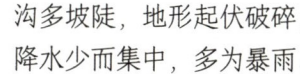

黄土颗粒较细,土质松软。

沟多坡陡,地形起伏破碎;降水少而集中,多为暴雨。

森林被砍伐,植被少。

# 水患与河道变迁

黄河出黄土高原后，到了下游宽阔的平原地带，河道变宽，水流变缓，泥沙逐渐沉淀，日积月累，河床不断淤高，最后形成高出两岸地面的"地上悬河"。每逢汛期，如防守不力，轻则漫溢决口，重则河道改迁。黄河的频繁泛滥、改道，给下游地区造成了深重的灾难。

黄河泛滥后，古人在修筑堤坝。

### 黄河的决口改道发生过多少次？

据文献记载，在1949年之前的近3000年里，黄河决口泛滥达1500多次，较大的改道有26次，其中特别重大的改道发生过6次。到了近代，黄河夺大清河经山东省入渤海，才改走现行河道。

# 调水调沙，守护母亲河

在漫长的治黄历史中，人们逐渐认识到，治理黄河的关键在于治沙。

为了清空淤积的泥沙并削低"地上悬河"的河床，我国自 2002 年以来对黄河中游水库群进行联合调度，一般情况下，每年进行一次调水调沙，每次持续 20 天左右。

**什么是调水调沙？**

调水调沙就是通过水库的大量泄水，以较大的流量集中下泄，形成人造洪峰，加大对下游河床的冲刷力度，把淤积在水库和河床中的泥沙尽量多地送入大海，从而减少水库及下游河道的淤积，使河床不再抬高。

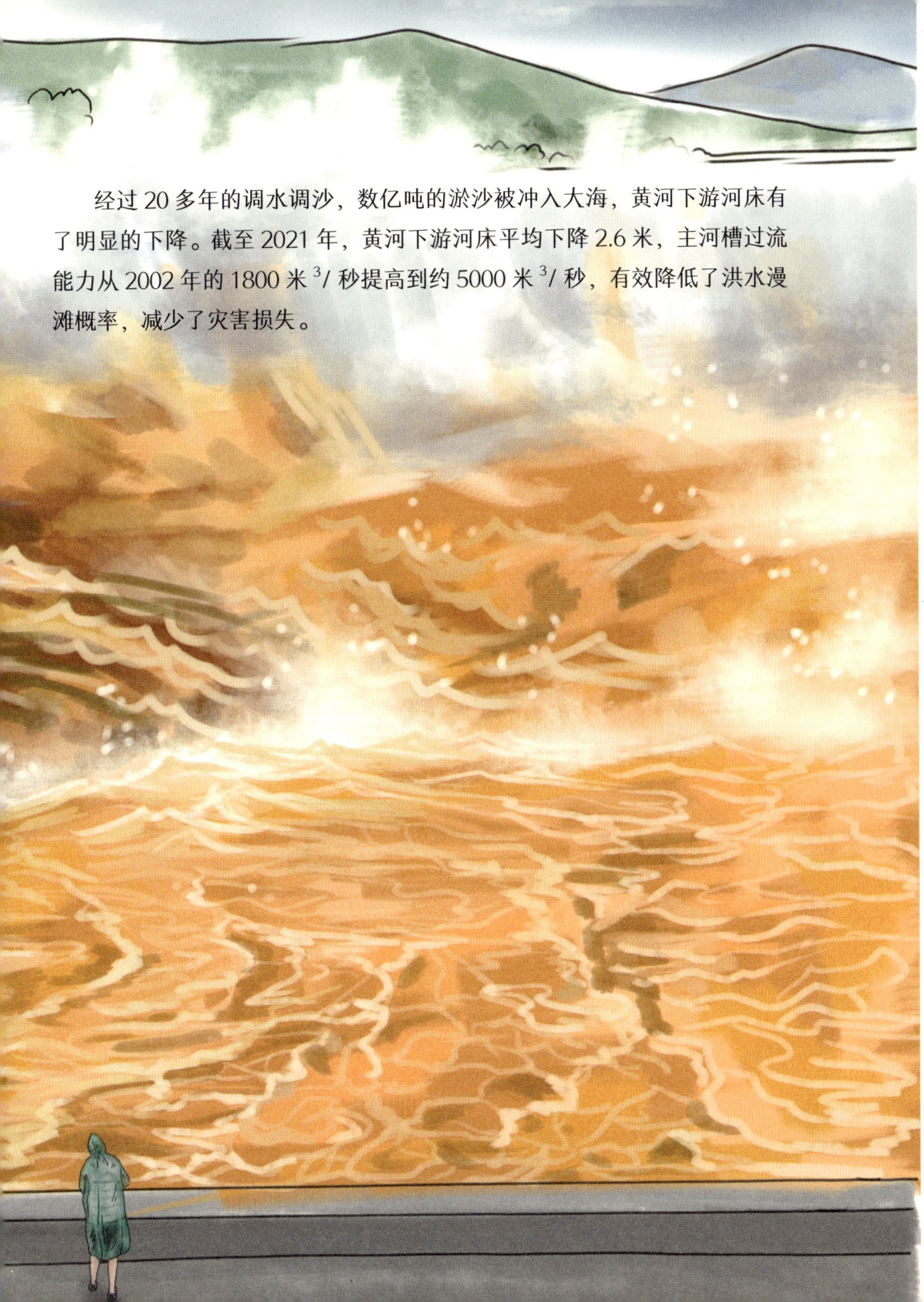

经过 20 多年的调水调沙，数亿吨的淤沙被冲入大海，黄河下游河床有了明显的下降。截至 2021 年，黄河下游河床平均下降 2.6 米，主河槽过流能力从 2002 年的 1800 米³/秒提高到约 5000 米³/秒，有效降低了洪水漫滩概率，减少了灾害损失。

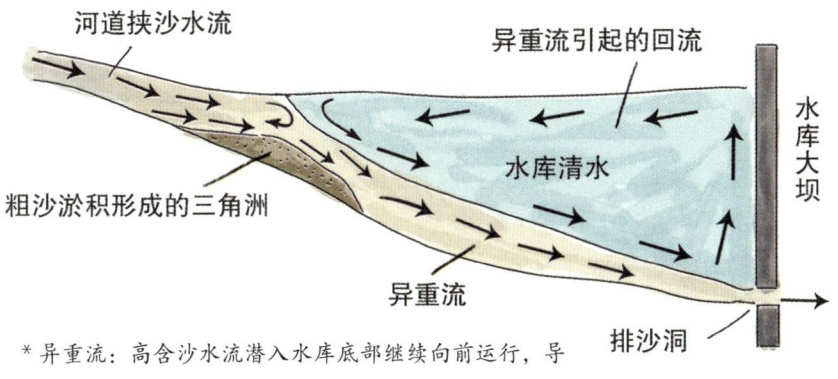

**小浪底异重流排沙原理**

\* 异重流：高含沙水流潜入水库底部继续向前运行，导致上层清水出现倒流的一种现象。

## 中游的水库群

在黄河中游干支流上建有多座大型水库，有万家寨水库、三门峡水库、小浪底水库、故县水库和陆浑水库等。

**三门峡水库与小浪底水库联合调沙的过程**

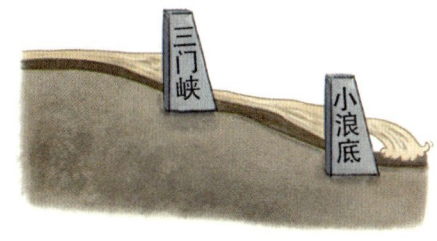

1. 三门峡相当于一个加压站，加大下泄流量。

2. 高含沙水流冲刷小浪底水库库尾。

3. 在小浪底水库底部形成异重流，异重流出库后再冲刷下游河道。

# 当黄河水邂逅沙漠

在黄河的"几"字形弯里,还藏着一片沙漠,这片沙漠就是库布齐沙漠,它位于河套平原的黄河南岸,是中国第七大沙漠。"库布齐"为蒙古语,意思是"弓上的弦"。库布齐沙漠因地处黄河"几"字形大拐弯处,形状似一根挂在黄河上的弦而得名。

每年库布齐沙漠向黄河推进数十米,注入黄河的泥沙达1.6亿吨,加上凌汛期凌水为患,直接威胁着黄河的堤防安全和百姓的生命安全。

在西周时期,库布齐沙漠还是一片水草丰美、牛羊成群的大草原。

著名的朔方古城就诞生于此。

后来气候变得干冷多风,加上人类的过度开垦、放牧,大片良田逐渐变成黄沙漫漫的不毛之地。

后来,科学家们想出了一个一举两得的办法——用凌水治沙,即将凌汛期的黄河水引入库布齐沙漠,既缓解了堤防压力,又为沙漠"解了渴",使水资源得到了充分利用。

如今,在库布齐沙漠边缘地带,荒漠化扩展得到了有效控制,自然绿化带已形成,湖泊、湿地也开始出现了。

人们在沙漠中修建水渠、铺设输水管路、植树造林,有效提高了沙漠植被的存活率。

库布齐沙漠中的七星湖吸引了不少水鸟到此栖息,荒芜的沙漠开始热闹起来。

# 黄河水如何变清了？

解决黄河的泥沙问题，让黄河水变清，关键是要解决黄土高原的水土流失问题。

中华人民共和国成立以后，黄土高原先后经历了坡面治理、沟坡联合治理、小流域综合治理和退耕还林还草工程等几个阶段的治理，水土保持取得一定成效。尤其是退耕还林还草工程实施以来，生态环境得到显著改善。

流入黄河的泥沙大大减少。

水土治理后的黄土高原，绿色的梯田生机勃勃，是一道亮丽的风景。

**水土治理的措施**

淤地坝就是在山坡的沟道上修建大坝,目的是拦截泥沙、蓄水、建设农田等。

退耕还林

植树造林

如今,黄土高原通过退耕还林、植树造林等措施披上了绿装,植被覆盖率从之前的34%增加到63%以上。经常流动的沙地现在已经变成了固定和半固定的沙地,流入黄河的泥沙大大减少,黄河水也越来越清澈了。

# 黄河大堤的前世今生

黄河大堤，顾名思义，就是黄河两岸的堤防。黄河的安危关系到王朝的兴衰，历朝历代都非常重视黄河的治理和黄河大堤的修建。

黄河大堤早在春秋时期就已存在，到了战国时期，黄河下游堤防逐步形成体系。

从明代隆庆到清代乾隆的这段时期，传统的河工理论日益完备，堤防工程的施工、管理和防守技术都达到了较高的水平，出现了万恭、潘季驯、靳辅等治河名臣，他们的治河措施对后世影响深远。

清朝初期堤防工程的施工场景。

从1949年至今,黄河下游大堤先后进行了多次大规模整修,堤坝普遍加高到8~9米,形成了坚固、雄伟的"水上长城",有力保障了人民的生命财产安全。

现今的黄河大堤坚固又安全。

明代水利学家 潘季驯

清代治河名臣 靳辅所著《治河方略》

古人把堤防分为4类

**潘季驯**

明代治河名臣,水利学家,著有《河防一览》等河工著作,曾4次掌理河道事务,治理黄河与运河,时间跨度长达27年。他在总结前人经验和长期的治河实践中,摸索出"束水攻沙""蓄清刷黄""淤滩固堤"等治河措施,对后世影响深远。

# 南水北调是如何穿越黄河的？

黄河这条母亲河滋润着中原大地，在其水面之下却隐藏着一个伟大的工程——南水北调穿黄工程（简称"穿黄工程"）。它是人类历史上规模最大的穿越江河的调水工程，让中国大地上奔腾于南北方的长江、黄河在此"握手"。

## 穿黄工程

穿黄工程位于河南省郑州市上游约30千米处，就是在黄河底部开挖隧洞，将来自南方的长江水输送到黄河以北地区。线路总长19.3千米，施工难度极大。

黄河底部地质条件极为复杂，如何才能在不阻断黄河水流的同时开挖隧洞，又保证滴水不漏呢？

工程师大胆设计，采用世界上先进的盾构技术，在黄河底部30多米深处开挖输水隧洞。隧洞开创性地采用了双层衬砌结构（能更好地承受黄河水的强大压力），工程的抗震能力达到了8级。

在克服了重重困难后，穿黄工程历时8年终于顺利完工。

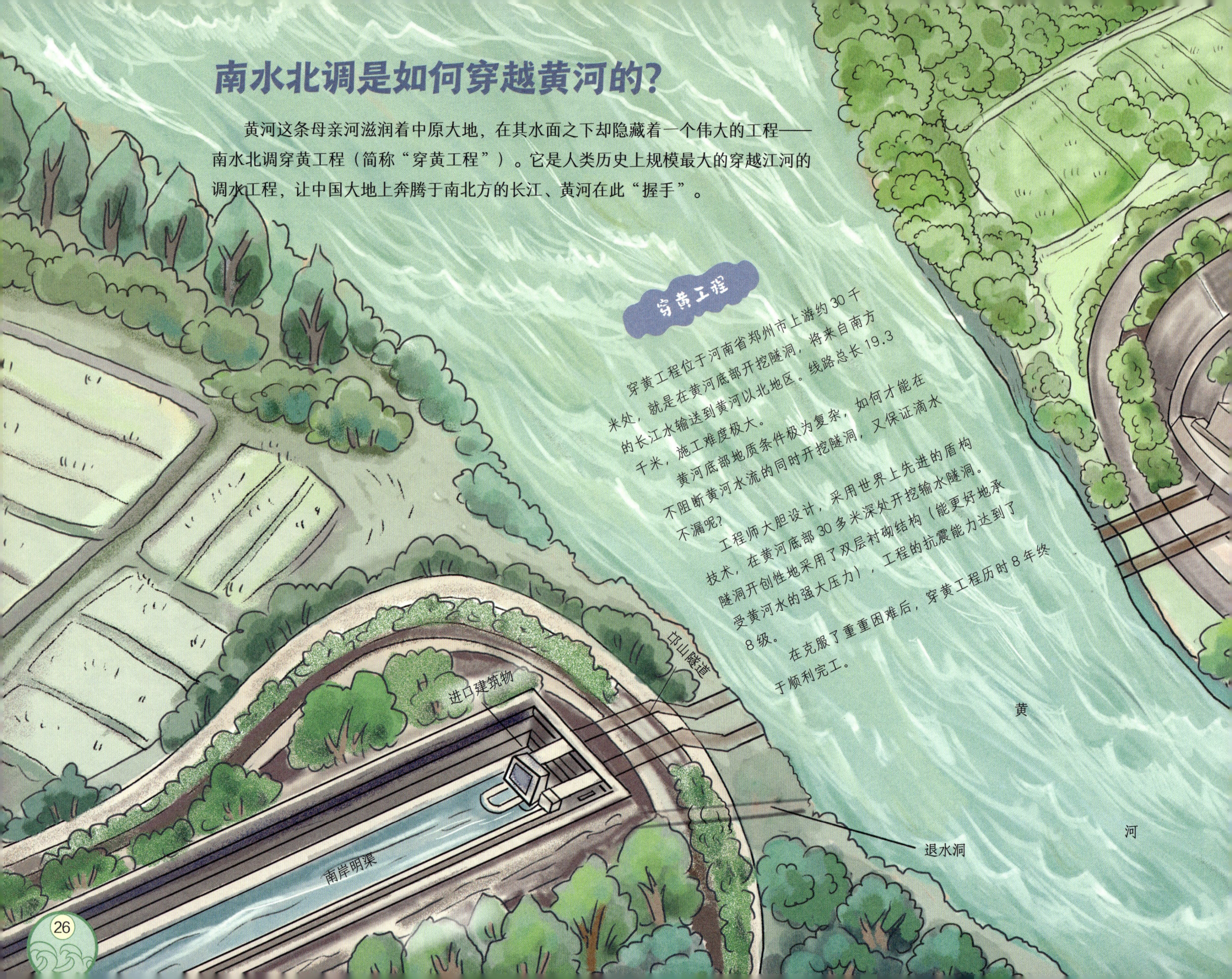

邙山隧道

进口建筑物

南岸明渠

退水洞

黄 河

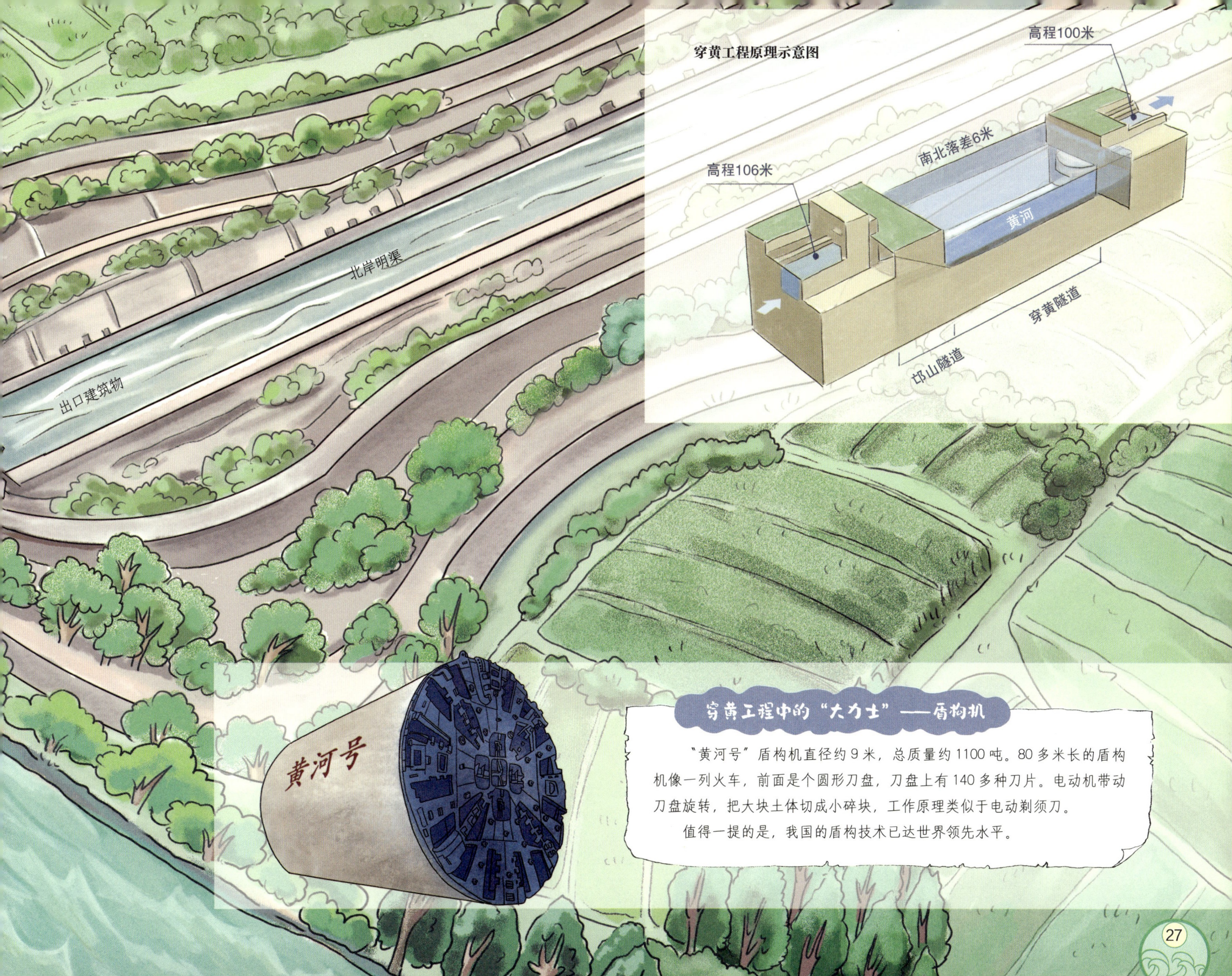

**穿黄工程原理示意图**

高程100米
高程106米
南北落差6米
黄河
穿黄隧道
邙山隧道

北岸明渠
出口建筑物

### 穿黄工程中的"大力士"——盾构机

"黄河号"盾构机直径约9米，总质量约1100吨。80多米长的盾构机像一列火车，前面是个圆形刀盘，刀盘上有140多种刀片。电动机带动刀盘旋转，把大块土体切成小碎块，工作原理类似于电动剃须刀。

值得一提的是，我国的盾构技术已达世界领先水平。

黄河号

# 黄河三角洲

黄河三角洲,是指黄河携带泥沙在渤海入海口沉积形成的冲积平原。中华人民共和国成立后,经过人工干预,形成了以宁海为顶点,北起徒骇河河口、南至支脉沟河口,面积约 6000 平方千米的现代黄河河口三角洲。

这里是我国沿海湿地鸟类数量最多的区域,有着典型的滨海湿地生态系统。

黄河入海口的滨海湿地生态系统景观。

东方白鹳

白鹤

中华秋沙鸭

## 黄河口国家公园

2022年11月，黄河口国家公园顺利通过国家评估验收。

黄河口国家公园是中国首个陆海统筹型国家公园，以保护黄河入海口重要滨海湿地生态系统为目的，拥有世界罕见的黄龙入海、河海交汇奇观。独特的生态环境，使这里成为我国沿海湿地鸟类数量最多的区域，每年来此迁徙停歇的鸟类达到数百万只，可以说是鸟类的天堂。

旧石器文化

# 黄河流域的文化遗产

黄河流域是中华民族早期最主要的活动地域，早在100多万年前，黄河流域就有人类居住。自古以来，黄河流域长期是中华民族政治、经济、文化的中心，夏、商、周、秦、汉、隋、唐、宋等朝代均定都于此。

在黄河流域，分布着众多的文化遗产。

## 史前文化

人们从黄河流域的考古中发现了西侯度、蓝田、丁村、大窑等旧石器文化遗址，以及裴李岗、仰韶、龙山、大汶口、马家窑等新石器文化遗址。它们是古人在黄河流域留下的生活痕迹，揭示了中华文明的起点。

## 历史遗存

考古发现了二里头夏都遗址、郑州商城遗址、安阳殷墟遗址、秦都咸阳遗址等古代都城文化遗址，长城、大运河、曲阜"三孔"、秦始皇陵兵马俑等重大历史标志性遗址，黄河故道遗址、汉武帝瓠子堵口遗址、内黄三杨庄汉代村落遗址等反映历代黄河变迁与治理成就的文化遗产。

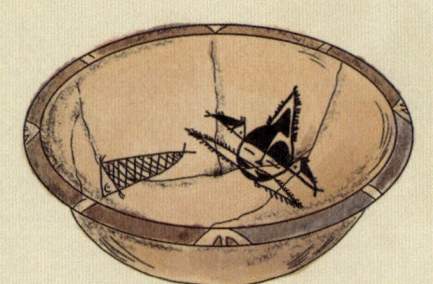

仰韶文化：人面鱼纹彩陶盆

马家窑文化：彩陶

龙山文化：黑陶双系壶

仰韶文化：船形彩陶壶

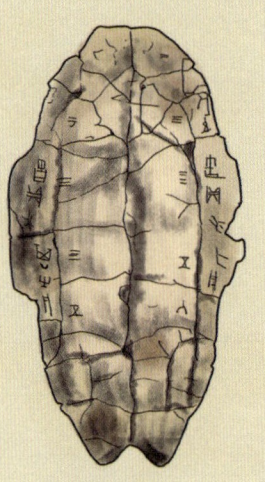

殷墟刻辞卜甲

晋侯鸟尊

莫高窟

九色鹿

敦煌壁画

云冈石窟

龙门石窟

秦始皇陵兵马俑

## 文化艺术

黄河流域还产生了河图洛书、儒家经典、先秦诸子学及后世的大量典籍，汇集了黄河文史之大成，凝聚了中华文明之精华。在绘画、雕塑、篆刻、书法等领域，出现了《熹平石经》《兰亭序》《清明上河图》等大量传世名作，以及麦积山、敦煌、云冈、龙门等石窟艺术宝库。

## 农耕文明

进入文明社会后,随着夏、商、周三朝定都黄河流域,中华文明正式踏上璀璨的征途,实现了从原始社会到奴隶社会、再到封建社会的几次重大飞跃。黄河流域从农耕文明中孕育出璀璨绚丽的物质文明和精神文明,发展成为中华文明的主要组成部分,并长期领先于世界。

石磨盘、磨棒

陶刀

耒耜

## 科学技术

黄河流域的农业生产、天文历法、数理算术、传统医药、灌溉工程等中国古代科技长期领先于世界,辉煌的四大发明也诞生于此,前人留下了《考工记》《禹贡》《水经注》《齐民要术》等宝贵的科学技术典籍。

指南针

造纸术

活字印刷

火药

黄河澄泥砚

## 非物质文化遗产

黄河号子、共工治水传说、大禹治水传说、民间河神祭祀、黄河澄泥砚制作技艺等都是黄河流域宝贵的非物质文化遗产。

这些非物质文化遗产像一颗颗沧海遗珠,积累和传承着中华民族的集体记忆,记述并见证着中华文明的精髓。奔腾不息的黄河则像一条纽带,在漫长的历史岁月中,串联起中华大地上的不同民族和文化。

安塞腰鼓

陕北风格剪纸

## 文化融合：中华民族的根与魂

黄河是中华民族的母亲河。奔腾向前、川流不息的九曲黄河，在历史更迭和民族融合中，逐渐形成了完整的文化体系，并向周围区域进行文化传播，最终造就了以黄河文化为核心、多元一体的文化体系——中华文明。

丝绸之路

玄奘西天取经

蒙古包

游牧文化

长城屹立在崇山峻岭上

唐朝的富强使长安成为当时世界上最繁荣的都城。

红色文化区：长征

河湟-藏羌文化区：河湟皮影

关中文化区：关中民俗博物院

## 百年机遇：走进高质量发展新时代

　　保护黄河是事关中华民族伟大复兴和永续发展的千秋大计。2021年10月8日，《黄河流域生态保护和高质量发展规划纲要》出台。2023年4月1日，《中华人民共和国黄河保护法》正式施行。

　　大河汤汤，日月轮转。站在新的历史起点上，面对千载难逢的历史机遇，我们看到新时代的号角已经吹响，一系列造福人民的方针政策正在这片古老的黄土地上落地生根……

　　黄河正在成为造福人民的幸福河！

# 后 记

　　黄河,中华民族的母亲河。深深根植于黄河流域、源远流长的黄河文化,是中华文明最重要的组成部分,也是中华民族的根与魂。在五千多年的中华文明史上,黄河流域有三千多年是我们的政治、经济、文化中心。而关系国计民生的黄河治理,历来都是安邦定国的国家大计。

　　2023年6月,我们赴沿黄九省区开展实地调研。一路上,我们看到了独特的丹霞地貌、古老的黄河水车、壮观的壶口瀑布,参观了刘家峡水电站先进的大坝、小浪底水利枢纽壮观的调水调沙场景,深入了解了景泰川电力提灌工程19级提水的原理、郑国渠这项世界灌溉工程遗产令人叹为观止的治水智慧……

　　黄河坐拥中国第二长河的美誉。深入挖掘黄河的时代价值,让更多的孩子走近黄河、了解黄河、爱上黄河,是我们创作这本书的初衷。

　　我们选用了"黄河治理"作为这本书的主线,配上手绘的全景图,把黄河从古至今的治水智慧、水利工程、文化遗产、历史发展、自然景观等呈现出来,希望小朋友们能喜欢这本书,也希望有更多的人来弘扬、传承黄河文化。

中国水利水电出版传媒集团编审
《中国黄河文化大典》总执行编辑
（马爱梅）　2024年1月14日